Thomas Kaul

So werden Sie vom Nobody zum Motor unserer Gesellschaft

Ein Ratgeber für Menschen mit Geltungsdrang

Über den Autor

Thomas Kaul, Jahrgang 1969, absolvierte von 1993 bis 1997 ein Studium der Wirtschaftsinformatik an der Nordakademie in Elmshorn mit einem Abschluss als Diplom-Wirtschaftsinformatiker (FH). Sein nebenberufliches Zweitstudium der Psychologie absolvierte er von 2008 bis 2014 an der FernUniversität Hagen zur Erlangung eines Abschlusses als Bachelor of Science (B.Sc.). In seiner Freizeit verfasst er auf zahlreichen Bahnreisen informative Sachbücher, die als lebensnahe Ratgeber eine breite Anerkennung gefunden haben.

Impressum

Kaul, Thomas
So werden Sie vom Nobody zum Motor unserer Gesellschaft
2014, Erstauflage

Herstellung und Verlag:
BoD – Books on Demand, Norderstedt
ISBN 978-3-7357-4115-8

Inhaltsverzeichnis

1. Vorwort

Zum Jahreswechsel 2013/2014 betrug die Weltbevölkerung ungefähr 7,2 Milliarden Menschen[1] (Wikipedia, 2014a). Weil Sie, sehr verehrte Leserin, sehr verehrter Leser, diesen Text offenbar lesen können, sind Sie mit hoher Wahrscheinlichkeit vor diesem Zeitpunkt geboren und dürfen sich somit zu dieser Zahlenangabe zugehörig fühlen. Falls nicht, wenn Sie z.B. ein nach dem 01. Januar 2014 geborenes Kleinkind sind und ihre ehrgeizigen und stark geltungssüchtigen Eltern Ihnen diesen Text gerade vorlesen, fühlen Sie sich bitte nicht ausgeschlossen und hören sie ihnen genau zu, denn Ihr Leben liegt noch vor Ihnen!

Sollten Sie sich nicht mehr Gedanken um Ihren Platz und Ihre Geltung in der Welt machen? Sind Sie mit Ihrer eigenen Popularität unter den 7,2 Milliarden und mehr Menschen zufrieden? Treten Sie heute aus der Anonymität der Masse hinaus und werden Sie zum Motor des Weltgeschehens!

Dieser Ratgeber liefert Ihnen praktikable Ansätze, Ihrem natürlichen und durchaus berechtigten Geltungsdrang auch mit bescheidenen finanziellen Mitteln angemessen Rechnung zu tragen. Allerdings ist zu beachten, dass Sie stets das Zepter in der Hand haben, Sie sind und bleiben für Ihre Bemühungen sich mehr Geltung zu verschaffen im vollen Umfang verantwortlich. In diesem Ratgeber finden Sie ein

---

[1] In diesem Buch wird aus Gründen der Lesbarkeit auf eine geschlechtneutrale Bezeichnung von Personen verzichtet. Es sind stets sowohl Männer als auch Frauen gemeint, auch wenn nur von einem Geschlecht gesprochen wird.

standardisiertes Bewertungssystem der vorgeschlagenen Maßnahmen zur Steigerung Ihres Geltungsbewusstseins, welches sowohl Chancen als auch Risiken anspricht. Bei der ernsthaften Verfolgung von Maßnahmen sollten Sie stets die aktuelle Gesetzeslage und die spezifischen Reaktionen Ihres privaten und beruflichen Umfelds im Auge behalten. Bei Signalen aus Ihrem Umfeld, die auf eine vermutete psychische Erkrankung Ihrerseits hindeuten könnten, sollten Sie angemessen und sensibel reagieren und ggfs. eine psychotherapeutische Behandlung in Erwägung ziehen. Darüber hinaus liefert dieser Ratgeber praktische Tipps zum Führen einer geistreichen, interessanten und authentischen Konversation mit interessierten Laien und liefert Ihnen das nötige Rüstzeug für ein erfülltes, gesellschaftliches Leben.

2. Verwendete Bewertungskriterien

Bei aller Unterschiedlichkeit der folgenden Ansätze, sich mehr Geltung auf diesem Planeten und außerhalb verschaffen zu wollen, gibt es durchaus einen gemeinsamen Bewertungsmaßstab.

Kriterium	Bedeutung
Zeitlicher Aufwand	Zu investierende Zeit
Finanzieller Aufwand	Höhe der Kosten
Rechtliches Risiko	Risiko von Vergehen
Gesellschaftliche Anerkennung	So urteilt die Gesellschaft
Skurrilitätsfaktor	ungewöhnliches Handeln
Fachliches Risiko	Gefahr bei Konversationen mit Sachkundigen

3. Steigerung Ihrer subjektiven und objektiven Geltung

Eine grundsätzliche Verhaltensregel bei allen vorgeschlagenen Maßnahmen lautet: **1. Bleiben Sie glaubwürdig und authentisch.** Machen Sie nicht den Fehler und begeben sich auf den Holzweg der Lügen und Halbwahrheiten, denn sie haben nichts zu verbergen. Nichts ist überzeugender als wenn Sie selbst an sich und Ihre Aktivitäten glauben. Die nächste Regel ist ebenso einfach: **2. Weniger ist mehr.** Mit einer souveränen Selbstverständlichkeit erreichen Sie weitaus mehr als durch ein verkrampftes Rücken Ihres mühevollen Schaffens in den Mittelpunkt. Weiterhin gilt es, folgende Verhaltensregel zu befolgen: **3. Finden Sie den richtigen Zeitpunkt.** Seien Sie in Konversationen mit Ihrem Umfeld aufmerksam und streuen Sie zu einem günstigen Gesprächszeitpunkt beiläufig Ihre honorigen Aktivitäten ein. Schließlich die wohl wichtigste Regel: **4. Machen Sie sich über das Thema schlau.** Nichts ist verheerender als an kompetente Konversationspartner zu geraten. Warum avancieren Sie nicht durch Ihren eigenen Einsatz zum Fachexperten?

3.1. Devisenmillionär

Steckbrief

Zeitl.Aufwand	gering	Gesellschaftliche Anerkennung	mittel bis hoch
Finanz.Aufwand	abhängig von der Währung	Skurrilitätsfaktor	gering
Rechtl.Risiko	gering	Fachliches Risiko	gering

Der Begriff Millionär ist in weiten Teilen unserer Gesellschaft positiv belegt und gilt als Synonym für eine sehr wohlhabende Person (Wikipedia, 2014b). Zu unterscheiden sind der Einkommensmillionär und der Vermögensmillionär. Als Maßstab gilt der Besitz oder der regelmäßige Bezug einer Million Einheiten einer definierten Landeswährung.

So werden Sie Devisenmillionär: Informieren Sie sich über die aktuellen Wechselkurse bei Ihrer Hausbank oder im Internet. Beispielsweise hätten Sie für 1.329,51 EUR am 24.06.2014 eine Million chilenische Peso erhalten. Beschaffen Sie sich das Bargeld bei Ihrer Hausbank oder in einer seriösen Wechselstube. Somit könnten als Vermögensmillionär Ihren nächsten Urlaub in Südamerika in vollen Zügen genießen. Sie müssten sich allerdings dann noch ein Ticket für eine Billig-Fluglinie leisten können.

Formulierungshilfen zur gesellschaftlichen Konversation: Prahlen Sie nicht mit Ihrem Vermögen, sondern betonen Sie die mit Ihrem hart erarbeiteten Vermögen einhergehende Last und Verantwortung gegenüber der Gesellschaft. Möglicherweise ist Ihr Gesprächspartner interessiert wie Sie ihre Million(en) gemacht haben und wird danach mehr oder weniger direkt fragen. Antworten Sie einfach wahrheitsgemäß: „mit Devisengeschäften". Sollte Ihr Gesprächspartner unangemessen neugierig sein und weiter insistieren, so könnten Sie durch eine euphorische Beschreibung ihres letzten mondänen Urlaubes in Südamerika („Unser exklusiver Club-Aufenthalt war dieses Jahr sehr schön, der siebenstellige Betrag dafür war eine sinnvolle Ausgabe"). Eventuell könnten Sie Ihre Schilderungen durch zufällig mitgebrachte Urlaubsbilder garnieren, vermeiden Sie durch ein sachliches Auftreten, Neid zu erzeugen.

3.2. Kirchliche Ehrentitel in den USA

Steckbrief

Zeitl.Aufwand	gering	Gesellschaftliche Anerkennung	eher niedrig
Finanz.Aufwand	30 bis 100 EUR	Skurrilitätsfaktor	mittel
Rechtl.Risiko	mittel	Fachliches Risiko	mittel

In den Vereinigten Staaten von Amerika ist es Privatpersonen erlaubt, Freikirchen zu gründen. Diese Organisationen sind in den USA berechtigt, kirchliche Ehrentitel gegen geringfügige Spenden zu verleihen. Hierzu gehören auch Ehrendoktortitel, denn der Grad Dr.h.c. ist im Gegensatz zu Deutschland in den USA nicht gesetzlich geschützt. Es werden klangvolle Titel wie Doctor h.c. of Ufology und viele andere mehr verliehen. Zu beachten ist allerdings, dass diese Titel nur in den USA und Nicht in der Bundesrepublik Deutschland geführt werden dürfen. Sollten Sie derartige Titel hierzulande führen, so würden Sie sich nach §132a StGb durch den Mißbrauch von Titeln strafbar machen.

Dennoch sollte dieses Sie nicht daran hindern, sich in Ihrem nächsten USA-Urlaub ein professionell aussehendes Namensschild an Ihrem Jacket oder Kostüm anzubringen. Ein in den durch die Miami Life Development Church (MLDC, USA) verliehener Titel lautet z.B. „Dr. h.c. of Exorcisms". Stellen Sie sich doch mal Ihr mitgeführtes Namensschild vor und wie sie im gebuchten Motelzimmer Ihre Fachkenntnisse an Mitreisenden zur Geltung bringen.

So erhalten Sie einen in den USA gültigen kirchlichen Ehrentitel: Googeln Sie im Internet zum Begriff Ehrendoktor oder ähnliche. Bei Anbietern wie die MLDC oder anderen kann durch Erteilung einer mildtätigen Spende die Vergabe eines derartigen Titels inklusive Beurkundung erfolgen. Bitte unterliegen Sie aber unbedingt nicht der Versuchung, den Titel in Deutschland öffentlich zu führen. Dieses sollte Sie wiederum nicht davon abhalten, Ihre Ernennungsurkunde in Ihren Privaträumen aufzuhängen, was unter Umständen eine Bewunderung durch Hausbewohner oder -besucher nach sich ziehen könnte.

Formulierungshilfen zur gesellschaftlichen Konversation: Prahlen Sie nicht mit Ihren Ehrendoktortitel. Wohl aber können Sie in Gesprächen geschickt einflechten, dass Ihnen in den USA ein rechtmäßiger, kirchlicher Ehrendoktortitel verliehen wurde („Mein gesellschaftliches Engagement in den USA führte zur dortigen Verleihung meines Ehrendoktortitels.") Lehnen Sie es konsequent ab, in Deutschland mit Herr oder Frau Doktor angesprochen zu werden. Sie können dieses z.b. damit begründen, dass Sie sich nicht dem Verdacht der Eitelkeit aussetzen lassen möchten. Selbstverständlich können Sie bei Ihrem nächsten USA-Urlaub auf eine korrekte Anrede durch Ihre Mitreisenden bestehen, wägen Sie jedoch deren wahrscheinliche Reaktionen zuvor sorgfältig ab.

3.3. Mäzen oder Mäzenatin werden

Steckbrief

Zeitl.Aufwand	gering	Gesellschaftliche Anerkennung	eher hoch
Finanz.Aufwand	gering bis gigantisch	Skurrilitätsfaktor	gering
Rechtl.Risiko	gering	Fachliches Risiko	mittel

Ein Mäzen, weiblich Mäzenatin, ist eine Person, die eine Institution, kommunale Einrichtung oder Personen mit Geld oder geldwerten Mitteln bei der Umsetzung eines Vorhabens unterstützt, ohne eine direkte Gegenleistung zu verlangen (Wikipedia, 2014c). Prinzipiell steht Ihnen frei zu entscheiden, wen und was (z.B. Engagement für die Kunst oder Wissenschaft) Sie fördern möchten.

So werden Sie ein Mäzen oder eine Mäzenatin: Fragen Sie doch einfach eine verwandte, befreundete oder fremde Person, ob Sie diese finanziell fördern dürfen. In den meisten Fällen wird Ihre Anfrage von der befragten Person wohl positiv beschieden. Günstig ist es, wenn die von Ihnen geförderte Aktivität auch eine gewisse gesellschaftliche Anerkennung findet. An dieser Stelle sollte man sich von schnöden materiellen Überlegungen lösen, auch die Förderung durch Kleinstbeträge ist eine Form des Mäzenatentums.

Formulierungshilfen zur gesellschaftlichen Konversation: Eine Grundregel des gekonnten Mäzenatentums lautet: Tue Gutes und sprich darüber! Nutzen Sie geeignete Gesprächsmomente um Ihr Interesse und tatsächliches Engagement zur Förderung aufstrebender Talente anzubringen. Sie können diese Wirkung weiter verstärken, indem das durch Sie geförderte Protegé in gesellschaftliche Anlässe geschickt eingebunden wird. Stellen Sie sich folgenden Dialog vor: „Danke lieber Herr X, durch Ihre großzügige Förderung letzten Monat konnte ich mein Kunstprojekt endlich verwirklichen, die Ausstellung war ein voller Erfolg". Instruieren Sie jedoch Ihr Protegé vorab, dass es sich im weiteren Gesprächsverlauf keineswegs zur Höhe Ihrer materiellen Förderung äußern möge, denn das wäre ein gesellschaftlicher Tabubruch. Sollten durch die allzu blumigen Erläuterungen Ihres Schützlings Zweifel an dessen Kunstverständnis entstehen, so sind Sie als Mäzen nicht in der Schusslinie. Weisen Sie in diesem Fall gönnerhaft auf die Freiheit der Kunst hin und dass Ihnen als wahren Mäzen die *Entwicklung* von Künstlern am Herzen liegt.

3.4. Förderer des demokratischen Staatswesens

Steckbrief

Zeitl.Aufwand	gering	Gesellschaftliche Anerkennung	eher hoch
Finanz.Aufwand	gering bis gigantisch	Skurrilitätsfaktor	gering
Rechtl.Risiko	gering	Fachliches Risiko	mittel

Jeder Bürger hat die Möglichkeit, aus seinem Privatvermögen Spenden für gemeinnützige Zwecke an Vereine oder staatliche Organisationen zu tätigen.

So werden Sie ein Förderer oder eine Förderin des demokratischen Staatswesens: Überweisen Sie kurzerhand einen Betrag Ihrer Wahl beispielsweise an die für Sie zuständige Amtskasse. Verfassen Sie flankierend ein Schreiben zur genaueren Abklärung der Zweckbestimmung. Abhängig vom Bundesland und/oder der Kommune bekommen Sie verschiedenste Möglichkeiten, sich für die genaue Verwendung Ihrer Spende zu entscheiden.

Formulierungshilfen zur gesellschaftlichen Konversation: Versäumen Sie es keinesfalls, in jeglicher schriftlicher und fernmündlicher Korrespondenz mit Behörden vor dem Vortragen Ihres Anliegens stets darauf hinzuweisen, dass Sie ein praktizierender Förder des demokratischen Staatswesens sind und somit einen spürbaren Beitrag zur Finanzierung der überhöhten Beamtenbesoldung leisten würden. Dieses ermöglicht eine äußerst wohlwollende Haltung des für Sie zuständigen Sachbearbeiters. Im privaten Bereich haben Sie je nach Vorliebe die Möglichkeit, sich als Motor der staatlichen Ordnung und/oder als streitbarer Demokrat darzustellen. Garnieren Sie kurzweilige Unterhaltungen mit Ihren Gesprächspartnern mit Zitaten aus aktuellen Grundsatzurteilen des Bundesverfassungsgerichts und vergessen Sie nicht zuvor Gesetzeskommentierungen zu lesen, nur für den Fall dass Sie an einen Volljuristen als Konversationspartner geraten sollten.

3.5. Gründung eines Vereins

Steckbrief

Zeitl.Aufwand	eher hoch	Gesellschaftliche Anerkennung	mittel
Finanz.Aufwand	mittel	Skurrilitätsfaktor	gering
Rechtl.Risiko	mittel	Fachliches Risiko	mittel

Die Maßnahme der Vereinsgründung mag in Anbetracht eines hohen organisatorischen Aufwands zunächst eher abschreckend wirken. Vergegenwärtigen Sie sich jedoch die fast unbegrenzten Möglichkeiten dieses Schachzugs zur Befriedigung Ihres Geltungsbedürfnisses! Eine Vereinsgründung gilt als der Königsweg zur Selbstverwirklichung. Die Aussicht auf den Posten eines Vorstandsmitglieds, Schatzmeisters oder gar geschäftsführenden Vereinspräsidenten erscheinen vielen Personen verlockend. Die Modalitäten zur Gründung eines Vereins sind im Wesentlichen im Bürgerlichen Gesetzbuch (BGB) geregelt. Ein Verein bestimmt selbst über seinen Zweck, seinen Namen und seine Satzung. Er kann auch besondere Gremien wie einen Aufsichtsrat, Rollen und

Funktionsträger definieren. Wenn Sie möchten können Sie auch eine Vereinsuniform, Ehrenzeichen mit einer damit verknüpften Rangordnung, Vereinsrituale/Preisverleihungen sowie mehr oder weniger elitäre Voraussetzungen für einen Vereinsbeitritt beschließen. Achten Sie daher auf möglichst hochtrabende und gemeinhin gesellschaftlich positiv bewertete Bezeichnungen und Inhalte in Ihrer Vereinssatzung.

So gründen Sie einen Verein: Zunächst müssen Sie sich um mindestens sieben Gründungsmitglieder bemühen. Hilfreich ist es, diese mit der Möglichkeit eines attraktiven Vereinsposten zu locken. Das Ansprechen von möglichst geltungsbedürftigen Personen ist hierzu sehr hilfreich. Mit den geworbenen Personen müssen Sie eine Gründungsversammlung abhalten. Dabei wird eine Vereinssatzung entworfen, zu Papier gebracht und von allen Gründungsmitgliedern unterschrieben. Aus den Mitgliedern der Gründungsversammlung ist ein Vorstand zu wählen, dessen 1.Vorsitzender Sie sein sollten. Schließlich meldet der gewählte Vorstand den Verein zur Eintragung in das Vereinsregister.

Formulierungshilfen zur gesellschaftlichen Konversation: Als Funktionsträger eines eingetragenen Vereins sind Sie sich Ihrer Stellung als engagiertes und verantwortungsbewusstes Mitglied unserer Gesellschaft voll bewusst. Man wird Ihnen deshalb nachsehen, wenn Sie in Konversationen gelegentlich Redewendungen wie „in meiner Rolle als Aufsichtsratsvorsitzender" oder „nach 12 Jahren Vorstandstätigkeit entschied ich mich zum Wechsel in den Aufsichtsrat" einflechten.

3.6. Auftritt auf einem internationalen Fachkongress

Steckbrief

Zeitl.Aufwand	mittel bis hoch	Gesellschaftliche Anerkennung	abhängig vom Thema
Finanz.Aufwand	mittel bis hoch	Skurrilitätsfaktor	mittel
Rechtl.Risiko	gering	Fachliches Risiko	hoch

Viele Menschen fühlen sich durch die Zuschreibung von Expertise durch andere geschmeichelt. Als ultimative Krönung des Daseins als Experte oder Expertin gilt ein offizieller Redebeitrag in einem internationalen Fachkongress. Begleitet kann dies werden durch namentliche Nennung auf der Rednerliste und weiteren Publikationen zum Fachkongress.

So können Sie bei einem internationalen Fachkongress auftreten: Zunächst müssen Sie eine kleine Hürde überwinden. Die meisten wissenschaftlich geprägten Fachkongresse lassen nur Redner mit einschlägiger Vorbildung und entsprechender Reputation zu. Sollten Sie eines oder beides dieser Kriterien nicht erfüllen, was durch den Kauf dieses Buches wahrscheinlich erscheint, ist dieses kein Grund den Kopf in den Sand zu stecken. Recherchieren Sie nach grenzwissenschaftlich geprägten Fachkongressen. Beispielsweise finden in den USA aber auch in Europa Fachkongresse für UFO-

Forscher statt. 2005 fand im französischen Ort Chalons der nach Angaben des Veranstalters der erste europäische Kongress für Hobby-UFO-Forscher und Wissenschaftler statt. Auf derartigen Veranstaltungen werden Sie es wesentlich einfacher haben, über Ihre bahnbrechenden Forschungsergebnisse referieren zu können.

<u>Formulierungshilfen zur gesellschaftlichen Konversation</u>: Ihr erfolgter oder möglicherweise bevorstehender Auftritt bei einem internationalen Fachkongress kqnn die Ihnen gebührende Bewunderung durch Ihr Umfeld hervorrufen. Dazu müssen Sie allerdings gekonnt einigen Fallstricken ausweichen. Sie sollten Ihren Vortrag nicht unbedingt grenzwissenschaftlich betiteln. Statt „UFO-Sichtungen über Gelsenkirchen" sollte Ihr Vortragsthema beispielsweise „Antriebs- und Flugregelungssysteme der Zukunft" lauten. In gesellschaftlichen Konversationen im Vorfeld der Veranstaltung sind folgende in einem geschäftigen Tonfall hervorgebrachte Formulierungen nützlich: „hoffentlich ist der Flieger morgen pünktlich, ich bin als Redner bei einem internationalen Kongress in Frankreich eingeladen." oder „mein wissenschaftlicher Assistent macht heute Überstunden, ich brauche meinen Vortrag für den morgigen Fachkongress in Lausanne, na ja, Sie wissen ja wie das ist".

3.7. Besitz von luxuriösen Fahrzeugmodellen

Steckbrief

Zeitl.Aufwand	mittel	Gesellschaftliche Anerkennung	mittel
Finanz.Aufwand	eher gering	Skurrilitätsfaktor	niedrig
Rechtl.Risiko	gering	Fachliches Risiko	mittel

Mit Wohlstand wird von vielen Menschen eine passionierte Sammelleidenschaft für hochwertige Objekte assoziiert. Schwimmen Sie auf dieser Welle mit. Auch ein bescheidenes Budget ermöglicht Ihnen in den Kreis der exklusiven Sammler aufzusteigen. Fahrzeuge sind ein Oberbegriff für mobile Verkehrsmittel, die Antriebsart oder die Verwendung ist für die Einordnung nicht von Belang (Wikipedia, 2014d). Ein Modell ist ein beschränktes Abbild der Wirklichkeit (Wikipedia, 2014e). In der Automobilindustrie wird von einem Automodell gesprochen wenn bestimmte Bautypen, z.B. Jaguar S, gemeint sind. Zur effektiven Steigerung Ihres Geltungsbewusstseins sollten Sie sich diese sprachlich unpräzise Begriffsverwendung zunutze machen.

So gelangen Sie in den Besitz luxuriöser Fahrzeugmodelle: Am besten suchen Sie eine gut sortierte Spielzeugabteilung eines größeren Warenhauses auf. Sie haben dort eine große Auswahl an Spielzeugautos, deren Antriebsart meist durch Ihre eigene Muskelkraft bestimmt wird. Dieses legitimiert Sie übrigens nicht nur als Besitzer sondern auch als sportlichen Fahrer eines luxuriösen Fahrzeugmodells.

Achten Sie bei der Auswahl der Modelle auf eher repräsentative Automarken wie Rolls-Royce, Bentley, Jaguar, Maserati oder Ferrari. Modelle für den Massenmarkt wie z.B. ein Opel Corsa oder VW Golf entfalten ihre geltungssteigernde Wirkung nur mit beträchtlichem Zusatzaufwand.

Formulierungshilfen zur gesellschaftlichen Konversation: Erregen Sie in geeigneten Kreisen Aufmerksamkeit mit Aussagen wie „mein Jaguar S hat Korrosionsprobleme" wenn Ihre Kinder die geliebten Spielzeugautos mal wieder nachlässig im Garten liegen gelassen haben. Die wenigsten Spielwarenhersteller setzen nämlich auf vollverzinkte Karosserien. Eine gleichfalls effektive Formulierung könnte „ich weiß nicht mehr wo ich meine Sportwagen unterbringen soll" sein. Sie müssen nicht zwingend preisgeben, dass sie ihre kleine, überfüllte Sammlervitrine im Sinn haben. Eine ernstzunehmende Klippe in einer gesellschaftlichen Konversation zum Sammeln luxuriöser Fahrzeugmodelle gilt es zu umschiffen. Ihr Gesprächspartner könnte den Wunsch äußern, Ihren eindrucksvollen Fuhrpark zu besichtigen oder gar eine Ausfahrt zu unternehmen. Sollte es sich dabei um ein Kind handeln, spielen Sie einfach zusammen. Handelt es sich um einen erwachsenen Gesprächspartner könnten Sie argumentieren, dass Ihre Sammlung aus Gründen Ihrer Bescheidenheit nicht öffentlich zugänglich ist.

3.8. Verwendung der lateinischen Sprache

Steckbrief

Zeitl.Aufwand	gering	Gesellschaftliche Anerkennung	mittel
Finanz.Aufwand	kostenlos	Skurrilitätsfaktor	mittel
Rechtl.Risiko	gering	Fachliches Risiko	mittel bis hoch

Auch heutzutage wird die Verwendung der lateinischen Sprache mit guter Bildung verbunden. Halten Sie es doch wie alten Römer, gut platzierte, geistreiche und wohlklingende Zitate machen aus Ihnen eine Person von Geltung.

So verwenden Sie die lateinische Sprache: Prägen Sie sich Sprichworte allgemeinerer Natur ein, die sie möglichst flexibel einsetzen können. Im Internet finden sich schöne Beispiele (Wikiquote, 2014).

Formulierungshilfen zur gesellschaftlichen Konversation: Lenken Sie das Gespräch zunächst auf die Schulbildung Ihres Gegenübers. Welche Fremdsprachen wurden belegt, wurde gar ein großes Latinum abgelegt? Verneint Ihr Gesprächspartner letzteres können Sie folgenden Ratschlag geben: „Cave quicquam dicas, nisi quod scieris optime." (Rede nicht über etwas, was Du nicht genau kennst) und taktvoll das Gesprächsthema wechseln.

3.9. Mitinhaber eines internationalen Konzerns

Steckbrief

Zeitl.Aufwand	gering	Gesellschaftliche Anerkennung	niedrig bis mittel
Finanz.Aufwand	gering	Skurrilitätsfaktor	Mittel
Rechtl.Risiko	gering	Fachliches Risiko	gering

Das Aktiengesetz regelt in Deutschland die Rechte und Pflichte von Anteilseignern (Aktionären). Aktionäre haben Vermögensrechte sowie Verwaltungsrechte (Herrschaftsrechte). Hierzu gehört auch das Recht zur Teilnahme an der Hauptversammlung des Unternehmens (Wikipedia, 2014f). Werden Sie Kleinaktionär einer in Deutschland ansässigen Aktiengesellschaft und mischen mit einem leidenschaftlichen Redebeitrag unter dem Tagesordnungspunkt „Sonstiges und Anträge" die Hauptversammlung auf. Als engagierter Eigner können Sie dort direkt mit dem Vorstand der Gesellschaft debattieren und sogar eine komplette Neuausrichtung des Unternehmens fordern, sofern Sie dieses für geboten halten. Ihr realer Einfluss auf Ihr Unternehmen und inwieweit der Vorstand sie als ernstzunehmenden Gesprächspartner wahrnimmt ist primär von der Anzahl Ihrer Aktien abhängig. In jedem Fall haben Sie Anspruch auch die allgemein übliche Verköstigung während der Veranstaltung wie z.B. eine Frikadelle mit Kartoffelsalat.

<u>So werden Sie Mitinhaber eines internationalen Konzerns und finden Gehör in den höchsten Kreisen der Wirtschaft:</u> Eröffnen Sie ein Aktiendepot bei Ihrer Hausbank oder alternativ bei einem Online-Broker. Erwerben Sie mindestens eine Aktie eines im Deutschen Aktienindex (DAX) notierten und international tätigen Unternehmens. Besorgen Sie sich über den Broker eine Einladung zur ordentlichen Jahreshauptversammlung und melden Sie Ihren Antrag an die Versammlung bzw. Ihren Redebeitrag vorab an.

<u>Formulierungshilfen zur gesellschaftlichen Konversation:</u> Ihren Auftritt in der Hauptversammlung können Sie mit folgender Redewendung eröffnen, auch wenn Sie nur im Besitz einer einzigen Aktie sein sollten: „mein Name ist Karl-Heinz Meier-Lüdenscheidt und ich vertrete hier das Kapital meiner Familie". Die weiteren Inhalte, Begründungen und Appelle an die mit der Führung Ihres Unternehmens beauftragten Personen können Sie frei gestalten.

3.10. Inhaber eines umfassenden nautischen Patents

Steckbrief

Zeitl.Aufwand	mittel bis hoch	Gesellschaftliche Anerkennung	niedrig bis mittel
Finanz.Aufwand	mittel	Skurrilitätsfaktor	gering
Rechtl.Risiko	mittel	Fachliches Risiko	mittel bis hoch

Wasser hat keine Balken. Bedingt durch volkstümliche Fernsehserien wie „Das Traumschiff" ist die Kapitänswürde allerdings nicht gänzlich frei von Ambivalenz. Machen Sie sich dennoch das nationale und internationale Seeverkehrsrecht zunutze. Der Sportbootführerschein See gilt in der Drei-Seemeilen-Zone sowie für Fahrwasser innerhalb der Zwölf-Seemeilen-Zone. Jenseits der Zwölf-Seemeilen-Zone (hohe See) gibt es keine Führerscheinpflicht. Der umfassende Charakter des Sportbootführerscheins See wird durch die fehlende Beschränkung auf Bootslänge oder Maschinenleistung an der Schraube deutlich. Theoretisch könnten Sie also bei einer Schiffswerft Ihrer Wahl den Bau eines Sportbootes mit einer Länge von 250 Metern und einer Maschinenleistung von 150.000 PS in Auftrag geben und mit diesem nach Fertigstellung getrost auf große Fahrt gehen, sofern Sie dieses nicht gewerblich betreiben.

So werden Sie Inhaber eines umfassenden nautischen Patents: Melden Sie sich einfach an einer Schule für Bootssport an. Sagen Sie, dass Sie den Sportbootführerschein See machen möchten. Neben einer theoretischen Prüfung müssen Sie eine kurze praktische Prüfung absolvieren.

Formulierungshilfen zur gesellschaftlichen Konversation: Nach erfolgreicher Ausbildung sollten Sie „Landratten" jederzeit Ihre erweiterten Möglichkeiten vor Augen führen. Redewendungen wie „aus seemännischer Sicht sage ich" oder „unter nautischen Aspekten ist zu berücksichtigen, dass" zeugen von Ihrer Weltläufigkeit. Die eher unbedachte Äußerung „Meine Berechtigung, beliebig große Schiffe auf hoher See führen zu dürfen…" sollten Sie mit Umsicht benutzen. Durch die nicht existierende Führerscheinpflicht auf hoher See darf dies auch jede „Landratte". Sollte sich die Konversation in Richtung Berufsschifffahrt entwickeln, so ist ein Themenwechsel ratsam.

3.11. Ausübung charakteristischer Sportarten

Steckbrief

Zeitl.Aufwand	gering bis hoch	Gesellschaftliche Anerkennung	niedrig bis hoch
Finanz.Aufwand	gering bis hoch	Skurrilitätsfaktor	mittel
Rechtl.Risiko	gering	Fachliches Risiko	mittel bis sehr hoch

Wir befassen uns hier nicht mit dem Breitensport. Hier können Sie nur durch Aufstieg in den Profi-Bereich wirksam punkten. Wichtig ist, dass Sie sich derjenigen Sportarten annehmen, die ein höheres Interesse bei Ihren Gesprächspartnern hervorrufen könnten. Stellen Sie sich vor, dass Sie damals in der Schule im Sportunterricht erhebliche Probleme hatten, eine Rückwärtsrolle korrekt auszuführen. Was hält Sie davon ab, dieses auch im fortgeschrittenen Alter im stillen Kämmerlein erneut zu versuchen? Unabhängig vom Erfolg Ihrer erneuten Bemühungen dürfen Sie sich dann mit Fug und Recht als ambitionierter Kunstturner bezeichnen, spätestens nachdem Sie Ihr Schleudertrauma auskuriert haben. Eine ähnliche Sportart mit nur geringfügig höherem Verletzungsrisiko ist das Turmspringen sofern Sie sich auf das 1m-Brett spezialisieren.

<u>So werden Sie Sportler einer charakteristischen Disziplin:</u> Achten Sie auf die Tagespresse und Stimmungslage der Bevölkerung. Hat kürzlich ein Fabian Hambüchen ein Turnier gewonnen? Nutzen Sie die saisonale Popularität von Sportarten und deren prominente Vertreter und wählen Sie einfach eine Disziplin aus!

<u>Formulierungshilfen zur gesellschaftlichen Konversation:</u> Durch den geschickten Einsatz der Aussage „Durch meine ärgerliche Trainingsverletzung konnte ich im letzten Jahr nicht an Turnieren teilnehmen." ist Ihnen die Empathie Ihres Gesprächspartners gewiss. Schließlich lassen Sie offen, ob es sich um eine physische oder psychische Beeinträchtigung Ihrerseits handelt. Hilfreich ist es in

jedem Fall, sich grundlegende Kenntnisse über die Sportart und das aktuelle Turniergeschehen zu verschaffen.

3.12.   Buchautor

Steckbrief

Zeitl.Aufwand	mittel bis hoch	Gesellschaftliche Anerkennung	niedrig bis hoch
Finanz.Aufwand	gering bis hoch	Skurrilitätsfaktor	mittel bis hoch
Rechtl.Risiko	mittel	Fachliches Risiko	mittel bis sehr hoch

Reihen Sie sich in die erste Garde bekannter Schriftsteller ein. Die Bevölkerung verbindet die Bezeichnung des Buchautors mit Intellektualität und Schaffenskraft. Als Autor sind Sie prinzipiell frei indem, was und wie Sie schreiben, aber hüten Sie sich vor Verletzungen des Urheberrechts.

So werden Sie Buchautor: Verfassen Sie ein Manuskript. Sofern Sie nicht vorhaben, sich in Literatenkreisen zu bewegen, dürfte sich ein Sachbuch wie dieses wirksamer als Belletristk auf Ihr Geltungsbewusstsein auswirken. Beachten Sie dabei aber, dass Sie sich ggfs. fachlicher Kritik stellen müssen. Ein wirres Gedicht mag weniger Angriffsflächen bieten als eine mehrbändige Enzyklopädie. Die Veröffentlichung Ihres Werkes ist heutzutage wesentlich komfortabler als früher. Suchen Sie sich einen passenden Online-Verlag der auch eine Vergabe einer ISBN-Nummer anbietet.

Formulierungshilfen zur gesellschaftlichen Konversation: Niemand kann Sie davon abhalten, nationale oder internationale Buchmessen als Autor zu besuchen. Verweisen Sie bei Gesprächen in Ihrem Umfeld oder direkt auf Buchmessen konsequent auf eigene Werke, vergeben Sie gewidmete Exemplare und geben Sie Lesungen vor anspruchsvollem Publikum. Führen Sie stets Visitenkarten mit Angaben zu ISB-Nummern Ihrer Werke mit. In der Anfangsphase Ihres literarischen Schaffens sollten Sie den Austausch zu Literaturkritikern eher vermeiden.

4. Schlussbemerkungen

Beim aufmerksamen Studium dieses Sachbuchs ist Ihnen sicherlich das wahre Potenzial der vorgestellten Maßnahmen zur Steigerung Ihres Geltungsbewusstseins nicht verborgen geblieben. Potenzieren Sie die Wirkung durch die *Kombination* und konsequente Umsetzung aller Maßnahmen. Stellen Sie sich bitte vor: mit der Leichtigkeit des Seins als Devisenmillionär treten Sie unter der Angabe Ihres Titels eines Doktors h.c. der Ufologie als lateinkundiger Redner bei einem internationalen Fachkongress in den USA auf. Selbstverständlich sind Sie Aufsichtsratsvorsitzender eines eingetragenen Vereins und engagieren sich als Kunstmäzen und Förderer des demokratischen Staatswesens. In Ihrer knapp bemessenen Freizeit sammeln Sie luxuriöse Fahrzeugmodelle, genießen Ihre umfassenden Rechte auf deutschen Schifffahrtstrassen und auf hoher See, wenn Sie nicht gerade mit Kunstturnen oder Turmspringen beschäftigt sind. Als Mitinhaber eines international tätigen Großkonzerns nehmen Sie Einfluss auf die Marktwirtschaft. Die Welt verdient eine frühzeitige Veröffentlichung Ihrer Memoiren!

5. Literaturverzeichnis

Wikipedia (2014a). Weltbevölkerung. Zugriff am 24.06.2014 unter: http://de.wikipedia.org/wiki/Weltbev%C3%B6lkerung

Wikipedia (2014b). Millionär. Zugriff am 24.06.2014 unter: http://de.wikipedia.org/wiki/Million%C3%A4r

Wikipedia (2014c). Mäzen, Zugriff am 24.06.2014 unter: http://de.wikipedia.org/wiki/Kunstm%C3%A4zen

Wikipedia (2014d). Fahrzeug, Zugriff am 24.06.2014 unter: http://de.wikipedia.org/wiki/Fahrzeug

Wikipedia (2014e). Modell, Zugriff am 24.06.2014 unter: http://de.wikipedia.org/wiki/Fahrzeug

Wikipedia (2014f). Aktionär, Zugriff am 24.06.2014 unter: http://de.wikipedia.org/wiki/Aktion%C3%A4r

Wikiquote (2014). Lateinische Sprichwörter, Zugriff am 24.06.2014 http://de.wikiquote.org/wiki/Lateinische_Sprichw%C3%B6rter

Platz für Ihre Notizen